I0017875

Guide et astuces pour

Pirater les réseaux WiFi

Contenu

Les réseaux WiFi ne sont pas impénétrables, avec les bonnes astuces et procédures, vous pouvez avoir une connexion sans connaître le mot de passe, si vous avez toujours voulu être connecté sans limitation, c'est la meilleure façon de le faire, en tenant compte du type de système à partir duquel il peut être piraté.

La sécurité de chaque routeur laisse une possibilité, c'est-à-dire que son niveau de sécurité est remis en cause par un défaut d'usine, car ils possèdent également une certaine vulnérabilité aux différentes procédures qui se présentent chaque jour, car pour chaque modèle de réseau WiFi, il existe une possibilité de remettre en cause la sécurité de ce type de connexion.

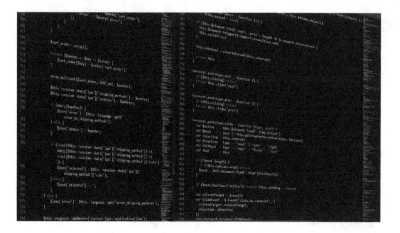

Ce que signifient les réseaux WiFi

Le WiFi est un mécanisme qui fonctionne sans fil, il permet d'ouvrir la voie à l'accès à Internet à différents appareils, c'est une technologie liée à différents modes d'utilisation, où l'absence de câbles s'impose comme une solution claire, cette connexion s'effectue par l'utilisation de l'infrarouge.

La transmission des informations est garantie, car l'une des qualités de cette technologie est l'immédiateté, mais la condition est que l'utilisateur dispose d'une place sur la portée et la capacité des réseaux WiFi, le rayon normal se situe entre 5 et 150 mètres de l'émission du signal.

La configuration est un aspect clé dans le sujet du piratage de réseau WiFi, elle est très simple et quand elle n'est pas couverte il y a un vrai mal de tête, aussi la carte WiFi des appareils a beaucoup à faire pour que la connexion puisse être utilisée à son expression maximale, pour que la compatibilité du réseau ne soit pas affectée.

Est-il légal de pirater un réseau WiFi ?

La connexion Internet sans fil est ce qui caractérise un réseau WiFi, cette émission d'informations ou de données par ondes crée la possibilité pour de nombreuses personnes d'y avoir accès, ce qui n'est pas une information sans intérêt car l'un de ses points faibles est la sécurité.

La dimension d'un réseau WiFi et son expansion, font qu'il est accessible de n'importe quel type de point de son rayon de couverture, ceux-ci sont même sans mot de passe par manque de configuration des administrateurs, ce qui peut réduire la vitesse de chargement des données internet, car des tiers peuvent se connecter au réseau.

Cependant, avec la création du mot de passe, vous n'êtes pas non plus à l'abri, car de nombreuses méthodes vous permettent d'attaquer ce réseau et d'en faire partie, ce qui est classé comme une fraude informatique, puisque vous n'avez pas le consentement du propriétaire, et cela se traduit par un supplément sur la consommation et dans certains cas par une diminution de la vitesse d'accès.

Cette connexion est interprétée comme un patrimoine d'une autre personne, donc c'est un dommage illégal ce type d'utilisation, surtout parce que cette utilisation non autorisée provoque une augmentation des frais sur le fournisseur de service WiFi, au niveau de l'Europe, ce type d'actions ont été inclus dans le Code pénal.

Les sanctions légales pour le piratage des réseaux WiFi, y compris l'emprisonnement pour une période supérieure à trois ans, plus un montant économique à la partie affectée, c'est le risque qui est couru au moment de pirater ce type de connexion, aussi la mesure de ce crime est basée sur les méthodes utilisées pour mener à bien cette action.

Normalement le type de sanction légale qui est appliqué est un montant inférieur à 400 euros, et une amende ne dépassant pas trois mois, ce qui peut être mesuré ou prouvé est l'augmentation de la consommation d'internet due à l'existence d'une connexion supplémentaire qui n'est pas autorisée, pour arriver à cette détermination on utilise des programmes qui gèrent l'activité du réseau.

De la même manière que les programmes sont utilisés pour pirater une connexion, de la même manière les utilitaires ont été conçus pour contrer l'entrée de tiers non autorisés, c'est-à-dire que ce sont des applications qui protègent l'utilisation des réseaux WiFi, ayant même la possibilité de crypter le réseau.

Les signes les plus habituels pour les utilisateurs qui pensent que leur réseau est piraté sont la baisse de vitesse, ce genre

de désagrément est ce qui provoque un réveil, et les programmes qui mesurent la consommation, fournissent des rapports quotidiens ou l'enregistrent, de cette façon ils peuvent
commencer à avoir des indications et des preuves de la consommation supplémentaire d'un intrus.

Types de sécurité des réseaux WiFi à pirater

Chacun des réseaux WiFi, a des normes de sécurité, cela est
imposé comme une barrière afin qu'il n'y ait pas d'accès non
autorisé, le plus commun d'attaquer pour accéder à la connexion, sont les suivants :

- **WEP**

Il fait partie d'un protocole de sécurité connu sous le nom de
norme 802.11, il a été ratifié depuis 1997, son acronyme correspond à : Wired Equivalent Privacy, il établit un algorithme
de sécurité qui est obsolète sur les réseaux sans fil, il prend
en charge la confidentialité, mais de la même manière il est
possible de le pirater en quelques minutes.

- **WPA**

C'est le remplacement du WEP, il est connu comme une
norme de sécurité stable, il a été publié en 2003, son

acronyme est illustré par Wi-Fi Protected Access, c'est une prévention contre les attaques subies par le WEP, son fonctionnement est basé sur des clés temporaires, il désigne une clé par paquet, et il dispose d'un contrôle des messages.

- ## WPA2

Son origine est ancrée au remplacement du WPA, il a une mise en œuvre de plus d'éléments, jusqu'à un support et le cryptage, la fusion aspect des précédents pour améliorer le niveau de réponse aux attaques, de sorte que le piratage de ce type de sécurité, exige des étapes ou des exécutions qui sont plus sophistiqués.

Il est ainsi plus facile de cibler les réseaux WiFi dotés du protocole WEP par exemple, puisque la faiblesse est la première chose à exploiter, pour contourner les normes de sécurité qui cherchent à perfectionner chaque faille.

Comment vérifier la sécurité d'un réseau WiFi

Un audit peut être réalisé sur un réseau WiFi, pour étudier et certifier sa sécurité. Normalement, on utilise un logiciel tel que WiFi Auditor, qui fonctionne sur les systèmes Windows, qui a un fonctionnement avancé sur le plan informatique et qui est compatible avec tout ordinateur équipé de Java.

Cette nouvelle fonction d'audit limite un peu la marge de piratage qui peut se produire sur un réseau WiFi, d'autant plus que ces logiciels ont étendu leur version pour Mac OS X, cette aide laisse de côté un certain niveau de vulnérabilité que présente le réseau, mais dans son opération de protection, elle est aussi capable de fournir des mots de passe.

• Auditeur WiFi comme outil de piratage

La puissance de WiFi Auditor fournit des informations sur les mots de passe des réseaux WiFi qui sont vulnérables, ainsi que ceux qui n'ont pas de sécurité. Ce serait donc un outil utile pour utiliser ces mots de passe afin de se connecter gratuitement à Internet.

Les options de base de ce logiciel sont très faciles à comprendre, il suffit de cliquer sur l'option "audit de réseau" pour que le programme exécute ses fonctions, c'est un travail automatique qui fournit des données de vulnérabilité de sécurité qui vous donne le contrôle et le pouvoir sur ces réseaux.

La détection des failles de sécurité a également beaucoup à voir avec le routeur utilisé, car son niveau de vulnérabilité peut permettre d'obtenir le mot de passe en quelques secondes, ce qui a un impact sur les algorithmes qui ont été rendus publics en tenant compte de l'adresse MAC.

Le type de mots de passe qui peuvent être contrés par WiFiAuditor sont ceux qui ont les caractéristiques ou la description suivantes :

- Les réseaux qui conservent par défaut le nom d'origine imposé par le routeur lui-même.
- Les mots de passe par défaut sont généralement les mêmes que ceux qui sont insérés à l'arrière du routeur.
- Des réseaux proches les uns des autres, sans obstacles ou interférences tels que de grands murs, permettant un contact total entre l'émetteur et l'utilisation du logiciel.
- Le routeur possède un algorithme public et identifiable.

Ceci est dû au fait que l'étude ou l'identification effectuée par ce logiciel est capable d'avoir accès au mot de passe ou au moins au routeur, ce type de gratuité permet à la connexion internet d'être assurée par cet outil.

- **Caractéristiques de WiFi Auditor vs. WiFislax**

Une comparaison entre WiFislax et WiFi Auditor, qui sont largement utilisés de nos jours, en raison de la simplicité de leurs fonctions, ce qui fait que la divulgation des mots de passe WiFi est plus fréquente que d'habitude, avant de comparer les deux, il est conseillé de vérifier la législation locale sur l'utilisation de ces logiciels pour éviter tout problème.

Le premier point différentiel entre un logiciel et l'autre est que WiFislax n'est pas compatible avec Windows, mais WiFi Auditor peut fonctionner avec ce type de système d'exploitation, et il ne nécessite aucun type d'installation, il fonctionne avec la version la plus moderne de Windows, car il fonctionne comme une machine virtuelle JAVA.

D'autre part, en termes de résultats, les deux alternatives sont efficaces pour étudier tout type de réseau qui est à proximité, bien que si vous avez une antenne puissante, la portée est considérablement augmentée, il est conseillé d'opter pour un panneau directionnel, étant l'une des meilleures options pour profiter des deux logiciels.

- **Le processus d'installation de WiFi Auditor**

L'une des exigences pour installer WiFi Aditor est d'avoir JAVA, ce qui exclut tout type d'utilisation sur Android, mais s'il est disponible sous Windows et MAC Apple, son fonctionnement est rapide et simple, contrairement à WiFislax qui a des options plus avancées et demande plus de temps, mais ne supporte que Linux.

L'exécution de ces logiciels permet d'effectuer deux alternatives, d'abord l'audit des réseaux, et de se connecter, de cette façon vous pouvez générer le décryptage de la clé qui est possible, cela est délivré directement sur l'écran, et conduit la connexion, son application est simple sans aucun manuel est mis en place.

L'avantage de ce type de logiciel est qu'il n'est pas classé comme illégal, il s'agit d'un calcul mathématique, donc en tant que tel il ne craque pas les mots de passe ou n'est pas conçu pour le faire, mais ses opérations exposent les propres failles des modèles de routeurs, ce qui permet de deviner facilement le type de clé dont il dispose.

Les fournisseurs d'accès à Internet eux-mêmes exposent en ligne le type de mot de passe qu'ils ont par défaut, et lorsque l'administrateur ne les modifie pas, cette possibilité de pirater le réseau se présente. Ce qui est illégal, c'est l'utilisation de ce réseau WiFi sans consentement, mais l'obtention légale est un autre aspect.

Le programme WiFi Auditor ne fournit pas de mots de passe qui ont été personnalisés par l'utilisateur, ce type de changement n'est pas facile à détecter, ni compatible avec les fonctions du logiciel, son action se situe sur les réseaux vulnérables et la négligence de l'utilisateur, les marques ayant la plus grande marge de faiblesse sont Dlink, Axtel, Verizom, Tecom et autres.

Les caractères les plus utilisés dans les mots de passe des réseaux WiFi

La formation d'un mot de passe dans un réseau WiFi, lorsqu'il est personnalisé, complique tout type de tentative de piratage, cependant la plupart des utilisateurs ne réalisent pas cette étape, mais utilisent ce réseau sous des valeurs par défaut, les programmes maintiennent un dictionnaire des plus possibles, pour violer la sécurité d'un tel réseau.

Les valeurs les plus couramment utilisées sont le numérique, l'alphabet latin en minuscules ou en majuscules, l'alphanumérique, l'hexadécimal en majuscules et en minuscules, même les caractères spéciaux peuvent être incorporés, les mots de passe définis en usine ont un jeu hexadécimal de 16 types de caractères possibles.

Ce type d'information ou de données, réduit la possibilité dans de grandes proportions, en laissant que l'algorithme se charge d'écarter les compatibilités avec le mot de passe, pour cette raison c'est un manque de sécurité de laisser la clé qui est imposée d'une manière prédéterminée, pour cette raison la chose recommandée est qu'ils placent 12 caractères.

D'autre part, lorsqu'une clé est insérée sur le réseau WiFi, la force brute doit être mise en œuvre pour un décryptage rapide, en fonction de la puissance ou de la capacité de l'ordinateur, sinon le temps pour découvrir la clé augmente proportionnellement, généralement les clés qui ont une longueur de 8 chiffres prennent de 7 à 93 jours.

Lorsque des variables telles que les majuscules et les minuscules sont jointes, l'attente peut atteindre des années, c'est-à-dire que lorsqu'il s'agit de mots de passe plus complexes, même le meilleur programme ne sera pas en mesure d'agir efficacement, car chacun développe des opérations mathématiques, au milieu du processus de craquage.

Face à ce scénario négatif de mots de passe complexes, la seule façon de l'accélérer est une mise en œuvre correcte de l'équipement, où la carte graphique se distingue, celle-ci doit être puissante, afin qu'elle ait une performance de 350 000 hashs WPA ou WPA2 par seconde, car cela signifie qu'elle étudie jusqu'à 350 000 mots de passe.

Lorsque l'on incorpore des matériels de la taille d'un FPGA, on obtient une performance allant jusqu'à 1 750 000 hachages par seconde, ce qui représente une différence considérable, qu'il est essentiel de connaître à l'avance, car si le mot de passe n'est pas long, et qu'il ne se trouve pas dans le dictionnaire, cela signifie que le processus est très long.

Facteurs pouvant compromettre un réseau WiFi

La découverte de la vulnérabilité d'un réseau WiFi compromet complètement tous les niveaux de sécurité. Ce résultat fatal peut se produire lorsque différents facteurs concourent, c'est-à-dire que les scénarios suivants peuvent conduire à des actes malveillants :

1. Détournement de DNS

Un réseau peut recevoir une attaque à partir de la navigation sur Internet, car le système de nom de domaine (DNS) permet la communication entre un appareil et le réseau, ce genre de fonction peut être maîtrisé par un pirate, pour changer le DNS du vrai fournisseur, en échange du sien, comme un leurre malveillant.

Lorsque ce type de changement se produit, l'utilisateur peut ouvrir un portail, et ne sera pas sûr que c'est le bon, mais peut être sur un site contrôlé par l'attaquant, mais conserve l'apparence du site web d'origine, cela est inaperçu par l'utilisateur, mais lorsque vous entrez vos informations, elles seront envoyées à l'attaquant.

Ce type de risque a davantage à voir avec la sécurité des données personnelles, car il s'agit également d'un processus mis en œuvre par les programmes de piratage des réseaux WiFi. Dans certains cas, le navigateur lui-même émet une communication, ou un signal d'avertissement aux utilisateurs pour leur faire savoir que quelque chose ne va pas.

2. Botnets

Ce facteur révèle que certains routeurs ont un accès à distance, beaucoup sont allumés sous un mode par défaut, ce qui crée une occasion d'entrer dans le routeur par ce chemin à distance, cela se produit par l'utilisation d'un serveur Secure Shell connu sous le nom de SHH, ainsi qu'un serveur Telnet ou avec une interface web est effectuée.

Lorsqu'un utilisateur ne change pas ces mots de passe par défaut, les services d'accès direct sont autorisés à se connecter via Internet, laissant de côté tout type de protection, puisque n'importe qui peut y avoir accès, puisqu'il lui suffirait d'utiliser un programme pour détecter les données par défaut, ce qui est simple.

En outre, ce type de données est publié sur Internet, ce qui rend les attaques informatiques plus efficaces. Ces types de situations ou de caractéristiques sont exposés et laissent la sécurité sans réponse.

3. **Surveillance du trafic**

Actuellement, des outils d'espionnage sont développés, l'un d'entre eux qui affecte directement un réseau WiFi est la surveillance du trafic, l'un des plus populaires est tcpdump, qui est directement associé au routeur, pour collecter toutes les communications cryptées qui sont transmises par le routeur.

4. **Proxy**

L'invisibilité des attaquants est un autre facteur qui affecte directement les réseaux WiFi, dans cette manœuvre les attaquants ne réalisent aucun type d'installation, puisqu'ils ont seulement besoin que le SSH soit disponible, il est donc adopté comme un déguisement, une adresse invisible est créée, et avant toute attaque leur adresse n'est pas exposée mais celle qui a été violée.

5. **Protocoles vulnérables**

Différents protocoles tels que UPnP, Bonjour, Zeroconf et SSDP, fournissent un chemin ouvert, qui est testé par les applications qui font partie de la dynamique des dispositifs de l'internet des objets et des routeurs, et en l'absence de mise à jour de ces protocoles, une défaillance notoire se produit, étant une opportunité pour une attaque.

Pour mieux le comprendre, il est nécessaire de traiter qu'un protocole tel que Universal Plug and Play (UPnP), résume la configuration des équipements de niveau PlayStation ainsi que Skpe, ce genre de programmes, ouvre la porte à plus d'utilisateurs pour faire partie du développement de ses fonctions, et ceci fait que l'adresse IP soit publique.

Tout type de défaillance avec l'utilisation d'UPnP, directement sur le routeur, fait apparaître des failles, et cela permet à davantage d'attaquants d'accéder au réseau interne, il s'agit donc de protocoles qui permettent des fonctions, mais qui, à leur tour, mettent tout en danger.

6. Mots de passe faibles

Les routeurs qui font partie du WiFi, utilisent différents mécanismes de cryptage, il peut s'agir d'un réseau ouvert, sans aucun type de cryptage, ainsi que le bien connu WPA2, il est conseillé de ne pas appliquer des méthodes qui n'ont pas de garanties comme le WEP et le WPA, car ils sont décryptés assez facilement.

Le cryptage personnel WPA2 est l'un des plus fiables, mais tout dépend de la décision que l'on peut prendre concernant le mot de passe, car un mot de passe comportant au moins huit chiffres peut être décrypté en quelques minutes, surtout si l'on utilise des programmes d'attaque par force brute.

Lorsqu'un utilisateur ne prend pas au sérieux la clé du réseau WiFi, des problèmes surgissent, car il s'agit d'un point facile pour les attaquants de se connecter au routeur, ce qui fait que les appareils connectés au réseau sont également exposés, bien que les attaques visent également les vulnérabilités du micrologiciel du routeur.

Conseils pour décrypter les clés des réseaux WiFi pour Linux

L'intérêt pour le décryptage de la clé des réseaux WiFi tiers est en augmentation, il s'agit d'une tâche qui ci-dessus complexe ne nécessite que des connaissances, car avec les bons conseils et la préparation supplémentaire, vous pouvez avoir la capacité d'obtenir tout type de clé, bien que l'utilisation de ces données, sont à vos propres risques juridiques.

Lorsque vous souhaitez pirater un réseau WiFi, la procédure change en fonction du type de système d'exploitation à partir duquel cette action sera réalisée, elle est donc classée comme suit :

• Préparation pour Linux

Dans le cas d'un piratage à partir d'un système Linux, vous devez avoir ou intégrer les éléments suivants :

1. **Aircrack-ng :** Il représente une Suite de plusieurs programmes, étant utile pour attaquer les réseaux WiFi, cette série de programmes accueille des paquets pour générer des attaques, ce

type de programmes sont ceux qui décryptent les clés, soit WEP ou WPA.

2. **Carte réseau USB :** Il s'agit d'un ajout qui peut être PCI.

3. **Reaver-wps :** Ce sont des types de programmes qui profitent des défaillances de l'incorporation WPA, grâce au WPS.

Une fois ces trois exigences obtenues, il est temps d'auditer le réseau pour obtenir la clé WiFi, la principale chose est d'installer Aircracck-ng, il a une version 32-bit et 64-bit, une fois installé, il est temps d'avoir la carte réseau USB, ces cartes ont plus de capacité que d'autres, celle qui se démarque est le chipset RTL8187.

La stabilité de ce type de carte est intéressante, et tous les programmes sont capables de fonctionner avec elle, il suffit de les relier, de passer à la dernière étape du téléchargement du reaver-wps, c'est celui qui aide à détecter les vulnérabilités qui existent, à appliquer des attaques contondantes contre le WPS, et à trouver le pin de sécurité.

La meilleure façon d'obtenir la clé du réseau WiFi, est de placer le périphérique réseau sous un mode de surveillance, en plus d'étudier la possibilité d'appliquer des paquets sur le réseau WiFi, puis vous pouvez utiliser la commande airmon-ng, travaillant ainsi sur l'obtention de la clé, les étapes à suivre sont les suivantes :

1. **Exécution de lwconfig :** Cette fonction permet de détecter la carte WiFi, en observant ce numéro vous pouvez exécuter une autre commande, qui indique le nom du dispositif.

2. **Créer le périphérique pour extraire la clé :** La création d'un périphérique est ce qui permet de maîtriser l'injection sur le réseau, pour cela il est indispensable d'entrer la commande "sudo airmon-ng start (device name)", pour activer cette option vous devez être root.

3. **Contrôle de l'état :** Des informations sont fournies à l'écran, lors de la saisie de la commande "iwconfig", indiquant l'activation du mode de contrôle sur l'appareil, par lequel on cherchera à décrypter la clé WiFi.

4. **Exécution de la rupture de clé :** Pour mesurer le fonctionnement des étapes précédentes, il suffit de démarrer le dispositif, pour cela il faut avoir

aireplay-ng, celui-ci est fourni par aircrack-ng, il suffit de lancer la commande "aireplay-ng -test mono", ceci sous le mode administrateur.

Le résultat de l'action ci-dessus, émet le résultat de "l'injection fonctionne", ainsi vous pouvez savoir si l'injection de paquets fonctionne, c'est un moyen de craquer la clé WiFi, faisant ressortir les vulnérabilités derrière la configuration du réseau.

Une autre alternative plus simple pour effectuer cette procédure à travers Linux, où il est vital de télécharger Kali Linux, car c'est l'un des outils les plus essentiels, la suite est d'avoir la mémoire USB pour être un lecteur bootable, et dans sa mémoire sera le fichier ISO Kali Linux pour l'installer plus tard.

Investir dans une carte WiFi facilite toute la procédure, c'est un moyen de surveiller toutes les informations sur le réseau Wi-Fi, après quoi il est vital de se connecter en tant qu'utilisateur root, c'est la clé pour mener à bien le processus de piratage, cette connexion entre la carte WiFi et l'ordinateur est ce qui met tout le processus en marche.

Une fois ces étapes précédentes terminées, les étapes suivantes doivent être exécutées :

- Ouvrez le terminal de l'ordinateur qui a Kali Linux, la première chose est d'entrer l'icône de l'application, cliquez, de sorte qu'une fenêtre noire apparaît, vous devez entrer l'écriture ou le symbole de "plus grand que", ou vous pouvez également appuyer sur Alt+Ctrl+T.

- Il fournit la commande d'installation mentionnée ci-dessus comme "aircrack-ng", où vous entrez la commande et appuyez sur entrée, la commande est sudo apt-get install aircrack-ng.

- Entrez le mot de passe lorsque le logiciel le demande, c'est la clé utilisée pour se connecter à l'ordinateur, puis vous pouvez appuyer sur "entrée" et en tant que tel, il permet l'accès root, étant utile pour faire les commandes peuvent être exécutés après le terminal.

- Localisez sur l'écran le nom du réseau que vous cherchez à pirater, au moins un nom personnel doit apparaître, sinon cela signifie que la carte WiFi ne supporte pas ce type de surveillance.

- Commencez à surveiller le réseau en tapant la commande airmon-ng start et le nom du réseau et en appuyant sur entrée.

- Active l'interface, après imposition de la commande iwconfig.

```
                              root@alexynior: ~                    ●  ▣  ⊗
Archivo  Editar  Ver  Buscar  Terminal  Ayuda
root@alexynior:~# airmon-ng

PHY     Interface      Driver         Chipset

phy0    wlan0          iwlwifi        Intel Corporation Wireless 3160 (rev 83)
root@alexynior:~# airmon-ng check kill

Killing these processes:

  PID Name
  764 wpa_supplicant
root@alexynior:~# airmon-ng start wlan0

PHY     Interface      Driver         Chipset

phy0    wlan0          iwlwifi        Intel Corporation Wireless 3160 (rev 83)

            (mac80211 monitor mode vif enabled for [phy0]wlan0 on [phy0]wlan
0mon)
            (mac80211 station mode vif disabled for [phy0]wlan0)
root@alexynior:~#
```

Comment pirater un réseau WiFi depuis Linux sans carte graphique

La méthode de piratage de Linux peut être complexe en raison de la question de la carte graphique, pour cette raison il existe des moyens d'effectuer cette procédure en utilisant aircrack-ng sur un ordinateur, mais pour que cela devienne une réalité, les étapes suivantes doivent être effectuées :

1. **Télécharger le fichier du dictionnaire :** Le fichier le plus couramment utilisé à cet effet est

Rock You, que l'on peut télécharger, puis prendre en compte la liste des mots, car si le mot de passe WPA ou WPA2 ne figure pas sur ce résultat, il ne sera pas possible d'accéder au réseau WiFi.

2. **Lancez la procédure de décryptage du mot de passe :** Pour commencer la progression, la commande aircrack-ng -a2 -b MAC -w rockyou.txt name.cap doit être incluse, il est essentiel de s'assurer d'utiliser les informations réseau correctes, dans le cas où il s'agit d'un réseau WPA, changez ce "a2" pour un simple "a".

3. **Attendez les résultats du terminal :** Lorsqu'un en-tête tel que "KEY FOUND" apparaît, vous pouvez obtenir le mot de passe.

Avec une installation supplémentaire, et avec moins d'efficacité, le piratage du réseau WiFi peut être effectué, sans qu'il soit nécessaire de disposer de la carte WiFi, ce type d'installation devrait être amélioré pour obtenir les résultats escomptés.

Ce que vous devez savoir pour pirater le WiFi depuis Android

La disponibilité de certains réseaux WiFi, fait qu'il y a une certaine tentation de décrypter leurs clés, cela est possible de faire à partir d'un Android même, il ya plusieurs applications à cet effet, peut être utilisé facilement pour avoir le mot de passe du réseau, et profiter de cette connexion.

Les seules conditions pour avoir l'avantage de décrypter les clés, c'est au moyen de certains appareils qui ont des caractéristiques spéciales, généralement des appareils enracinés, avec un stockage, une batterie et une mémoire disponibles pour des résultats optimaux.

En quelques étapes, vous pouvez essayer de pirater le réseau WiFi, si simple que votre mobile peut être transformé en un moyen d'attaque informatique, il suffit de mettre en œuvre les actions suivantes :

1. Tout d'abord, l'un des outils suivants doit être téléchargé via Google Play ou l'App Store, afin que vous puissiez l'installer sur vos appareils.
2. Il est indispensable d'ouvrir l'application, afin de pouvoir l'exécuter.

3. Habituellement, la première chose que font la plupart de ces outils est d'analyser chaque réseau WiFi. Au milieu d'une liste, toutes les options de connectivité sont affichées.

4. Dans chaque réseau WiFi il y a une couleur qui indique le degré de blocage, c'est un signal de la possibilité disponible de piratage, c'est un point de départ pour réaliser l'attaque.

5. Après avoir cliqué sur le réseau à pirater, la prochaine chose à faire est de cliquer sur "Connecter".

WPS Connect

🔒	**5gNYSAL**	▼
[WPA2]	*DC:53:7C:64:B9:A2*	-79
🔒	**PS4-370CF11D819D**	▼
[WPA2]	*B0:05:94:6D:3D:51*	-80
🔒	**MiFibra-229B**	▼
[WPA2]	*44:FE:3B:40:22:9D*	-80
🔒	**Invitado-7F36**	▼
[WPA2]	*72:CC:22:9C:7F:39*	-83
🔒	**-- Hidden network --**	▼
[WPA2]	*44:FE:3B:3F:A9:72*	-84
🔒	**MiFibra-A96F**	▼
[WPA2]	*46:FE:3B:3F:A9:72*	-84
🔒	**HUAWEI-E5186-5G-4F2B**	▼
[WPA2]	*A4:CA:A0:4C:4F:2D*	-85
🔒	**ONOC825**	▼
[WPA2]	*DC:53:7C:3C:2D:3E*	-85
🔒	**forfox2**	▼
[WPA2]	*98:DE:D0:C3:5F:3F*	-85
🔒	**MiFibra-7F36**	▼
[WPA2]	*64:CC:22:9C:7F:38*	-85
🔒	**MiFibra-2F2F**	▼
[WPA2]	*44:FE:3B:40:2F:31*	-86
🔒	**Lowi4932**	▼
[WPA2]	*10:C2:5A:FB:49:37*	-86
🔒	**MiFibra-7274**	▼
[WPA2]	*BC:30:D9:79:72:76*	-89

Vous devez connaître les meilleures applications Android pour pirater les réseaux WiFi. N'importe laquelle des applications suivantes que vous utilisez, fournit des résultats intéressants pour violer les niveaux de sécurité des réseaux :

- ## **Kali Linux NetHunter**

Un outil de la stature de Kali Linux Nedthunter, se caractérise par le fait d'être l'un des plus puissants, permet de pirater tout type de réseau WiFi, son fonctionnement est open source, c'est l'un des pionniers dans ce domaine, pour l'utiliser, vous devez avoir installé l'outil Kali WiFi, pour effectuer la procédure.

Ensuite, un noyau personnalisé doit être incorporé, où les injections sans fil sont ajoutées, bien que certaines ne soient pas prises en charge par certains Android, vous devriez essayer de télécharger celles qui conviennent.

- ## **Connexion WPS**

C'est l'une des applications les plus populaires pour le piratage du WiFi, son thème principal est de tester la sécurité du réseau, cette application est compatible avec les routeurs de toutes sortes, l'essentiel est d'installer l'application pour l'utiliser dans la détection des vulnérabilités disponibles sur un réseau.

L'efficacité de cette application s'appuie sur les réseaux les plus vulnérables au piratage, qui s'effectue au moyen de combinaisons de PIN, en profitant de cette probabilité générée par les utilisateurs qui ne modifient pas le mot de passe imposé par le routeur, cette configuration prédéterminée étant un avantage pour se connecter à ce réseau.

- **Testeur WPS WPA**

Cette autre alternative permet de pirater le réseau WiFi, son développement est basé sur la mise à profit des vulnérabilités qu'elle détecte, en théorie cette fonction cherche à mettre en évidence ces failles pour les corriger, mais elle n'est pas contrôlée pour être utilisée à d'autres fins, pour elles vous pouvez essayer des algorithmes tels que Belkin, TrendNet et autres.

La compatibilité de l'application, est associée à la version Android 5.0 ainsi que les versions supérieures, sinon les versions plus anciennes n'aident pas à détecter le WEP-WPA-WPA2, et faire des tentatives différentes fatales pour que cela puisse fonctionner.

• Aircrack-ng

Une option fiable et stable pour décrypter la clé du réseau WiFi est représentée par cette application, elle est développée sous le fonctionnement du noyau Linux, sa conception est associée à XDA, pour cette raison elle a une utilisation efficace sur Android, en plus d'être capable de trouver les puces WiFi qui sont supportées par le mode moniteur.

L'utilisation de cette application dépend d'un dispositif enraciné, également l'assistance d'un ordinateur avec Linux est clé, pour compléter l'utilisation correcte de chaque fonction, vous pouvez regarder différents tutoriels qui illustrent cette utilisation.

• DSploit

Il a été développé comme une grande application pour cet objectif d'étude des réseaux WiFi, avec une qualité XDA, atteignant l'extrême de connaître les vulnérabilités qui peuvent exister sur un réseau WiFi, étant un grand indice pour pénétrer le réseau WiFi, de sorte qu'il peut être défini comme un paquet complet qui analyse et émet des informations de réseau.

La capacité de cette étude permet de déchiffrer plus de détails du WiFi, puisqu'un scan des ports est effectué, sans oublier de suivre d'autres types d'opérations, l'utilisation de cette application est fréquemment expliquée au moyen de YouTube.

- **AndroDumpper**

AndroDumpper se présente comme une application qui scanne les réseaux WiFi qui se trouvent à proximité, il s'agit d'une description complète de la connexion, elle fonctionne grâce à un algorithme qui se met en marche au point de déterminer certains mots de passe, rendant possible le piratage que tout utilisateur recherche.

Le fonctionnement de cette application est directement associé aux routeurs pour WPS, bien que dans d'autres types de routeur peut prendre effet, il est seulement une exigence clé pour utiliser un téléphone cellulaire enraciné.

Le piratage d'Android peut être compliqué au début, mais les applications ci-dessus sont les meilleures pour cette mission, mais au début vous devez configurer l'application pour qu'elle soit utilisée depuis votre propre réseau ou celui auquel vous avez accès, ensuite vous pourrez passer à un autre type d'utilisation.

Découvrez comment pirater les réseaux WPA et WPA2 sans utiliser de dictionnaire.

Le piratage d'un réseau WPA et WPA2 est une facilité, il est réalisé au moyen de techniques qui deviennent automatisées, vers ce genre d'évolution se dirige l'outil WiFiPisher, c'est une grande nouveauté et il fait partie de la conception de LINSET (Linset Is Not a Social Enginering Tool).

Ce type de script suit le même processus que d'autres scripts similaires, ce qui est exprimé après les actions ou attributions suivantes :

- Recherchez les réseaux WiFi à proximité.
- Il fournit une liste des réseaux disponibles où des filtres peuvent être incorporés.
- Fonction de sélection du réseau pour capturer la poignée de main, dans certains cas peut être utilisé sans poignée de main.
- Permet de créer le faux ap, dans cette étape vous pouvez mettre le même nom que l'original, afin que les utilisateurs puissent se connecter à ce faux ap.
- Configuration du serveur DHCP, il est incorporé au faux réseau afin que la demande de connexion de la victime reçoive une demande de mot de passe, une fois entré,

l'objectif est atteint, cette étape peut être personnalisée pour être la même que le routeur de la victime.

- Le mot de passe est vérifié et comparé au handshake, et s'il est correct, l'attaque DoS est arrêtée et le serveur est déclassé pour se connecter à nouveau au véritable AP.

À la fin de chacune de ces fonctions, il est à nouveau temps de nettoyer les temporaires qui ont été créés, c'est-à-dire que tous les services peuvent être arrêtés afin qu'il n'y ait plus d'exécution par le système.

L'utilisation de LINSET pour pirater les réseaux WPA et WPA2, aide ce processus ne nécessite pas de dictionnaire, avec les avantages d'être en espagnol, et dans le même fichier sont inclus d'autres, au milieu de cette opération fournit un soutien à la communauté, sans perdre de vue les connaissances sur le fabricant du routeur.

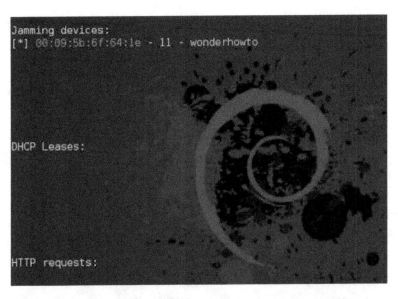

Chaque portail a des langues accessibles à chaque utilisateur, et développe différentes façons de capturer la poignée de main, c'est un outil avec un temps de conception

beaucoup plus mature, vous devez préalablement effectuer ces actions de préparation :

1. Installation de chacun des fichiers mentionnés ci-dessus.

2. Personnalisez le portail pour qu'il soit captif, une fois que vous aurez les fichiers séparément.

3. Contrôle des paramètres pour automatiser l'attaque à réaliser.

4. Il n'est pas nécessaire d'être obsédé par l'obtention de la poignée de main.

Piratage des réseaux WiFi avec PMKID

Les techniques de piratage de réseaux WiFi s'étendent à différents outils qui se concentrent sur une classe différente de routeurs, comme le craquage de mots de passe PMKID, qui a une performance optimale sur les protocoles WPA/WPA2, maîtrisant chaque fonctionnalité.

Ce type d'actions, cherche à altérer les réseaux WiFi, ses fonctions ont été conçues accidentellement, en essayant d'atteindre la norme de sécurité WPA3, c'est pourquoi cette méthode qui permet d'obtenir et de récupérer les mots de passe est apparue, elle est donc attrayante sur le piratage et surtout pour la surveillance des communications sur Internet.

Les méthodes permettant d'obtenir un résultat prometteur sont présentées lorsqu'un utilisateur se connecte, car c'est lui qui fournira le mot de passe, tout cela se produit après le protocole d'authentification à 4 voies, où le port réseau est vérifié, ce qui se traduit par les étapes suivantes :

1. Utilisez les outils hcxdumptool, sous v4.2.0 ou plus, de cette façon le PMKID génère le point d'accès spécifique, pour avoir un contact avec la trame reçue à travers un fichier.

2. Grâce à l'outil hcxpcaptool, la sortie est présentée au format pcapng, où le format de hachage est converti et accepté par Hashcat.

3. Application des outils de craquage de mots de passe Hashcat, jusqu'à l'obtention du mot de passe WPA PSK, ce type de mot de passe est extrait par le réseau sans fil, mais il ne fonctionne ou n'a plus de poids que sur les réseaux ayant une fonction d'itinérance.

Ce type de piratage WiFi n'est pas utile contre un protocole de sécurité de la génération WP3, car il s'agit d'une modalité plus compliquée à attaquer ou à violer, cependant, cette technologie est utilisée contre celle qui a déjà plus de temps d'utilisation ou sur le marché.

Comment obtenir des clés de réseau WiFi avec BlackTrack 5

Blacktrack est connu dans le monde entier comme un outil classique pour réaliser du cracking, son fonctionnement est basé sur une distribution du système Linux, sa conception est directement axée sur la réalisation de ces attaques, bien qu'au niveau officiel il soit publié comme un outil d'audit de réseau WiFi.

Au fil du temps, différentes versions de ce programme ont été développées, ainsi qu'une longue liste de tutoriels, qui peuvent tous être trouvés sur son site officiel. Il conserve une grande variété d'utilitaires au sein d'un seul programme, notamment le scanner de réseau Nmap, Wireshark, et l'exploit de navigateur BeEF, qui provoque une extraction.

Son utilisation est totalement simple, et peut être utilisé sur Windows comme système de démarrage, puis installé sans problèmes, il est même disponible pour être utilisé sur Android, mais il n'est pas recommandé car il ne génère pas de résultats efficaces, où la première étape est d'être dit par le type de réseau que vous voulez attaquer.

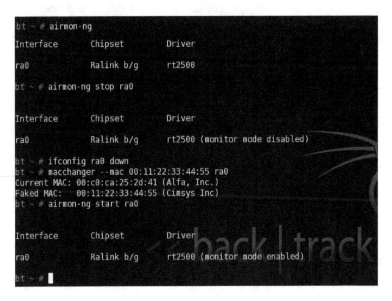

```
bt ~ # airmon-ng
Interface        Chipset         Driver

ra0              Ralink b/g      rt2500

bt ~ # airmon-ng stop ra0

Interface        Chipset         Driver

ra0              Ralink b/g      rt2500 (monitor mode disabled)

bt ~ # ifconfig ra0 down
bt ~ # macchanger --mac 00:11:22:33:44:55 ra0
Current MAC: 00:c0:ca:25:2d:41 (Alfa, Inc.)
Faked MAC:   00:11:22:33:44:55 (Cimsys Inc)
bt ~ # airmon-ng start ra0

Interface        Chipset         Driver

ra0              Ralink b/g      rt2500 (monitor mode enabled)

bt ~ #
```

Pour évaluer les options de piratage, il suffit de consulter le panel des réseaux WiFi disponibles, puis de copier le nom du réseau, et de lancer la procédure de piratage, la durée du processus permet d'estimer la faisabilité du piratage de ce type de réseau.

Les secrets pour pirater les réseaux WiFi sans programmes

Il n'y a aucun doute qu'une étape simple pour pirater un réseau WiFi, n'est pas d'avoir à utiliser des programmes, et encore moins de payer pour de tels résultats, la première peut être simplement de capturer une certaine surveillance sur un réseau ouvert sans aucune configuration, ce n'est pas du piratage proprement dit, mais c'est plus simple et légal.

Pour capter un certain type de réseau sans clés, il est nécessaire d'acquérir une antenne WiFi longue portée, sa valeur est d'au moins 100 euros, et ensuite penser à une installation sur la terrasse ou le toit, étant capable de détecter tout type de signal à au moins 5 km, et 20 km maximum, elle est plus utile si vous avez une adresse centrale.

Les endroits avec la plus grande variété de WiFi public, peuvent être dominés au moyen de cette méthode, et le meilleur de tous est qu'il s'agit d'une méthode légale, pour la réaliser

vous pouvez connaître les antennes suivantes sur le marché
:

• Antenne TL-ANT2424B de TP-Link

Il atteint une performance de 2.4GHz 300Mbps 9dB, est une
solution pour qu'aucun réseau ne soit négligé à l'extérieur,
son application peut être développée de manière centralisée,
et émet une fonction de connexion professionnelle, cependant son design est simple à comprendre, étant une grande
alternative pour les entreprises ainsi que pour les maisons.

• Ubiquiti LBE-M5-23 - 5 GHZ

LiteBeam M est basé sur un dispositif connu sous le nom de
airMAX, a des caractéristiques légères et un coût d'opportunité, en échange d'une connectivité à haute portée, grâce à
l'application d'une antenne directionnelle qui devient immu-
nisée contre le bruit, quant au physique, il se compose de 3
axes qui sont faciles à assembler.

Cet outil peut être intégré sans problème au poteau, tout cela
grâce à sa capacité compacte qui facilite son application,
c'est une commodité d'utiliser ce type d'antenne puissante.

- **Ubiquiti PowerBeam M 22dBi 5GHz 802.11n MIMO 2x2 TDMA**

Il a un focus vers n'importe quelle direction d'intérêt, aidant à bloquer n'importe quel type d'interférence, cette immunité est utile dans les zones ou les espaces où différents signaux concourent qui empêchent la capture des réseaux, ce design évite la confusion entre la fréquence, comme il a Ubiquitis Innerfeed technologie.

Un aspect positif de cette antenne est qu'elle n'a pas de câble, puisque l'alimentation est créée au moyen d'une radio dans le cornet, et en même temps cette caractéristique augmente la performance, puisqu'il n'y a pas de pertes de connexion contrairement aux câbles.

Grâce à ces avant que vous pouvez obtenir ces réseaux WiFi qui sont ouverts, dans une question de secondes et sans beaucoup d'effort que la connexion se pose, c'est un investissement qui peut ouvrir les portes vers cette direction.

Acrylique, piratage des réseaux WiFi WEP et WPA

Le programme Acrylic joue le rôle d'un analyseur de réseau sans fil, il fonctionne directement sur Windows, il a une variété de versions qui atteignent le but de trouver des mots de passe, tout est généré sous un mode automatisé par la création de scripts fournis par le programme.

Chaque script cherche à générer des mots de passe, car ils sont programmés pour le faire, et sont capables d'ajouter des informations sur les nouveaux routeurs, tout est développé en fonction des failles de sécurité qu'il est capable de découvrir, son utilisation correspond naturellement à une protection sur les réseaux WiFi, mais en même temps il est capable de les pirater.

Cela vous permet de visualiser les options de sécurité promues par ce réseau WiFi, grâce au développement d'un pilote pour capturer en mode moniteur, les incidents du réseau WiFi, chaque modèle de routeur est analysé par cet outil, la première chose est qu'il détecte le nom du réseau ou SSID, ainsi que l'adresse MAC, et le type de sécurité.

Tout point d'accès qui est découvert par cet outil, est dû aux défauts du routeur, étant exploité par le programme qui est responsable du calcul automatique des mots de passe, et sur cela est concentré le nombre de scripts qui obtiennent un mot de passe générique, la précision augmente après chaque version du programme.

Avec les résultats fournis par ce type de programme, vous pouvez tester les mots de passe un par un, vous pouvez donc vérifier s'ils rendent possible la connexion au réseau WiFi, bien que son objectif soit de protéger le réseau, dans cette même efficacité est capable de détecter les failles de sécurité sur d'autres réseaux WiFi.

Parmi les versions commerciales, Acrylic WiFi Professional est le plus utilisé, comme une gestion de Acrylic WiFi Home, afin que vous puissiez exercer l'analyse sur le réseau WiFi, et une autre alternative est le WiFi sniffer, qui affiche le trafic sur un réseau WiFi, mais a également des données de sécurité pour optimiser le réseau.

Avant tout téléchargement, vous pouvez consulter le site officiel d'Acrylic WiFi, en plus de trouver la version professionnelle de ce logiciel, il existe des options pour vous permettre d'obtenir des fonctions plus efficaces, il est préférable d'ouvrir le programme sous le bouton "continuer l'essai" pour commencer le processus.

Une fois que vous avez cliqué sur cette option, il est temps de sélectionner la fenêtre "create new", puis de cliquer sur "open existing" pour charger le projet, il est temps d'entrer les données du réseau WiFi, en plus de la carte de la zone analysée, sans oublier de calibrer la carte, et dans les options "plots", vous avez accès aux "access points" et aux "routes".

Les tables arc-en-ciel comme technique de craquage de mots de passe

Ces dernières années, les méthodes de piratage des réseaux WiFi sont devenues plus compliquées, basées sur la structure du mot de passe, car lorsqu'il n'est pas prédéterminé, la fonction des programmes ne devient pas efficace, pour cette raison, de nouvelles techniques peuvent être mises en œuvre afin que le mot de passe puisse être dévoilé.

La solution aux problèmes de mots de passe mieux structurés est d'appliquer une action mixte, partagée entre le dictionnaire et la force brute, c'est ce dont sont composées les tables Rainbow, de sorte que les combinaisons de mots de passe peuvent naître au moyen d'un algorithme, cette opération permet de comparer le mot de passe à craquer.

Ce type de technique permet de soulager la pression imposée à la charge de calcul et d'augmenter la vitesse de craquage, qui est une valeur supérieure aux autres, améliorant ainsi les capacités des hardwares conçus pour ce type de tâche.

Apprenez à connaître l'outil KRACK pour le piratage des réseaux WiFi

Le potentiel de trouver des faiblesses sur les réseaux WPA2, au-delà de son niveau de sécurité, l'action de KRACK est très utile, pour cela vous devez découvrir les fonctions que cet outil a, étant une méthode de piratage à prendre en compte, son attaque fonctionne sur n'importe quel réseau WPA2.

La vulnérabilité que ce programme est capable de trouver, a à voir avec le système WiFi lui-même qui est affecté, directement comme une condition du fabricant, aussi le piratage d'un réseau WiFi peut être mis en œuvre à partir de la réinstallation de la clé au moyen d'un dispositif Android.

Ces chemins aident à décrypter chacune des données transmises par l'utilisateur, cela devient très minutieux sur des systèmes tels que Linux, et aussi dans Android 6.0 ainsi que les suivants, car ils font face à un phishing ou un ransom-ware, ce processus couvre largement 4 façons du protocole de sécurité WPA2.

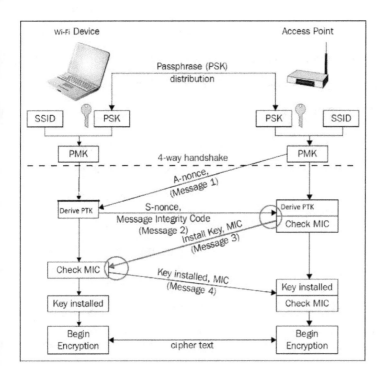

Le programme qui se cache derrière cet acronyme est défini comme "Key reinstallation attack", étant l'une des formes de piratage les plus dévastatrices, car au-delà de l'étude du trafic sur un réseau WiFi, il est également responsable de la falsification et du déploiement de paquets, ce qui le rend efficace sur 41% des utilisateurs.

WiFite craqueur de réseau WiFi

Un outil comme WiFit Wireless Auditor, a pris son temps pour améliorer sa conception depuis 2011, mais a atteint la version 2 (r85), est une contribution importante à tester pour impacter tout type de réseau WiFi, a une conception pour Linux, ainsi que d'être testé sur BackBox, Pentoo, Blackbuntu, et aussi Backtrack 5.

Un aspect douteux est qu'il n'est pas supporté, cependant, il est tentant de mesurer son potentiel, car il fournit une fonction personnalisée qui facilite l'automatisation, il n'a pas besoin de beaucoup d'arguments ou d'explications, il devient immédiatement un programme standard pour effectuer un audit sans fil.

Toutefois, vous devez tenir compte des exigences de ce programme, qui sont notamment les suivantes :

1. Python 2.6.X ou Python 2.7.X.
2. Correction du pilote sans fil pour générer le mode moniteur, ainsi que l'injection, car les distributions de sécurité ont des pilotes sans fil pré-corrigés.
3. J'ai installé la suite aircrack-ng 1.1.

4. Gardez Reaver installé pour le support, provoquant l'attaque des réseaux WPA2, ceci est rendu possible par le WPS.

Une fois que chacune de ces conditions est remplie, l'étape suivante consiste à télécharger et à installer l'application, pour laquelle il faut accorder des permissions afin de faciliter son exécution, cela s'exprime au moyen de la commande "chmod +x wifite.py", jusqu'à l'exécution de l'application, en cas de doute, il est préférable d'accéder à l'option "help".

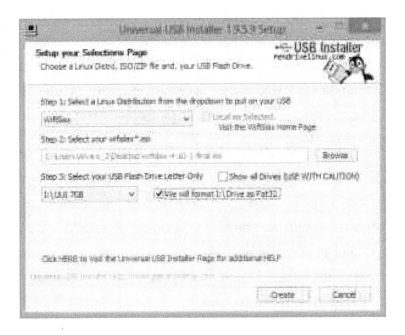

La chose essentielle est que vous pouvez avoir une affinité pour l'application de filtres, et d'autres fonctions au moment de la numérisation, mais en termes généraux son développement est simple, une fois commencé, est responsable de la numérisation de chacun des réseaux automatiquement, fournit des informations sur les canaux disponibles, est une phase d'attente jusqu'à ce qu'il se termine.

Pendant le processus d'analyse, vous devez appuyer sur CRTL+C, puis le programme lui-même demande le numéro du réseau que vous souhaitez auditer, et ensuite les fonctions se chargent de fournir la clé du réseau WiFi, c'est pourquoi il est classé comme un programme qui répond aux attentes de chacun.

Sur les réseaux WPA2 qui ont WPS activé, ce programme fonctionne très bien, mais pour le niveau de sécurité il a un développement lent, cependant il est associé au fichier Reaver, comme plus de versions sont présentées, vous obtenez une solution pour tout plan de piratage.

Piratage des réseaux WiFi à l'aide de Wifimosys

Les outils pour pirater les réseaux WiFi sont de plus en plus faciles à utiliser, l'un d'eux est Wifimosys, il a été considéré comme une sorte de Linset 2.0, il est idéal pour ceux qui n'ont pas beaucoup de connaissances en informatique, c'est un excellent début pour attaquer les réseaux WiFi, car il a une interface idéale.

Le but de cet outil est le même que celui de Linset, en fait il est dérivé de l'installation de Wifislax, et pour cela vous devez effectuer les étapes suivantes :

- Ouvrez Wifimosys, via Démarrer/Wifislax/WPA/Wifimosys.

```
###########################################################
#                                                         #
#              WIFIMOSYS 0.22 by Absolut Vodker            #
#                   WIFI MOron' SYStem                     #
#                                                         #
#   Basado en LINSET de vk496 para seguridadwireless.net  #
#                                                         #
###########################################################


    Elige escaneo de canal(es):

    1) Todos los canales
    2) Canal(es) específico(s)
    3) Salir

    #>
```

- Lancez l'outil qui met l'antenne WiFi en mode surveillance.

- Exécution du balayage pour trouver les chaînes qui sont
  disponibles.

- Une fois les réseaux WiFi trouvés, la prochaine chose à
  faire est d'appuyer sur CRTL+C.

```
                    LISTADO DE REDES

 Nº  MAC               CANAL  TIPO   PWR    NOMBRE DE LA RED

 1 *                     1    WPA2   63%
 2                       7    WPA2   73%    . ARILLA CYCANE
 3                       7    WPA2   0%     Nombre oculto
 4                       13   WPA2   106%   MiSO
 5                       9    WPA2   98%
 6 *                     9    WPA2   70%
 7 *                     9    WPA2   70%    CLASYC
 8                       9    WPA2   0%     Nombre oculto
 9                       9    WPA2   60%

     (*) En rojo: redes con posibles clientes activos

     Selecciona el nº de la red a atacar...
     (Para reescanear pulsa r Para salir pulsa x)

        #> 4
```

Une fois le réseau identifié, il est temps d'exécuter la fonction de capture, il suffit d'appuyer sur la touche Entrée pour que le processus se déroule automatiquement, en exerçant une attaque où le mot de passe peut être conservé, ce qui complète cette action simple, bien que ce soit un processus long.

Démarrage pour le piratage des réseaux WiFi à partir de Windows

Le fonctionnement des applications ou des programmes pour pirater les réseaux WiFi à partir de Windows, est une exigence étant donné le grand nombre d'utilisateurs qui ont ce système d'exploitation, la solution est de penser à Jumpstart avec Dumpper, bien que son fonctionnement n'est pas tout à fait exact, il est une grande aide pour essayer de briser le réseau WiFi.

Pour avoir accès à l'utilisation de cet outil, la première chose à faire est de le télécharger, mais il faut d'abord dézipper le Dumpper, afin que l'accès soit garanti, bien que son fonctionnement ne se matérialise que lorsqu'il y a une vulnérabilité sur le WPS, mais vous pouvez essayer de démarrer l'outil Dumpper.

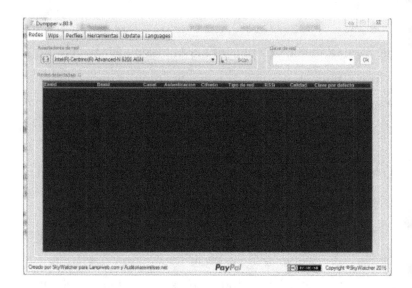

Par conséquent, le programme lui-même diffuse les réseaux proches, et permet d'appuyer sur l'option d'exposer le pin de ces réseaux, seuls ceux qui apparaissent doivent être sauvegardés, à ce stade, l'aide d'une antenne externe est notoire, de sorte que le JumStart peut être exécuté, pour démarrer la troisième option d'entrer le pin fron my Access point.

Il est nécessaire de coller une broche de la connexion sélectionnée, il est essentiel d'effectuer cette étape dans un ordre strict, puis dans la zone inférieure est l'option Sélectionner automatiquement le réseau, ce qui est destilda et appuyez sur suivant, pour continuer avec la sélection de la connexion, pour voir si le processus a réussi, en sauvegardant les données obtenues.

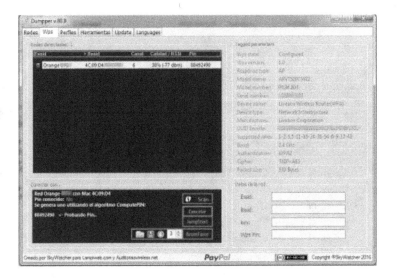

Il est parfois nécessaire d'effectuer plusieurs tentatives, en plus d'alterner avec différents réseaux, il est préférable d'utiliser chacune des broches, au cas où cela ne fonctionnerait pas la première fois, l'essentiel est d'essayer jusqu'à ce que cela se connecte.

Décryptage de la clé WiFi sur un Mac

Une méthode compatible avec un système Mac, est le programme KISMAC, celui-ci permet de réaliser le piratage du réseau WiFi, il se base sur une fonction qui a une longue histoire, pour cela il faut installer le programme et ensuite exécuter ses fonctions, puis lorsqu'il est installé, il faut aller dans l'option préférences, et ensuite cliquer sur Pilote.

Ensuite, vous devez sélectionner le capteur, il est responsable de profiter de certaines lacunes, et dans "ajouter", l'action d'une antenne WiFi externe est inclus, avant la sélection des canaux, il est préférable de choisir tous, et puis fermer la fenêtre des préférences, la prochaine chose est d'effectuer un scan de démarrage, où le super administrateur fournit la clé pour se connecter.

#	Ch	SSID	BSSID	Enc	Type	Sig...	A...	W...	Pack...	Data
13	6	WLAN▬	▬▬▬	WEP	managed	0	18	35	621	55.16KiB
17	11	WLAN 8	▬▬▬	WEP	managed	0	19	35	1017	242.45KiB
24	13	ONO▬	▬▬▬	WEP	managed	0	10	35	645	60.86KiB
32	8	ONO▬	▬▬▬	WEP	managed	0	14	20	13	6.95KiB

KisMAC 0.3.3

Ce type de processus prend beaucoup plus de temps, il est donc préférable de laisser d'autres activités à gérer, puisqu'il est nécessaire d'effectuer un échange de 150 000 paquets, faisant partie du dévoilement du HandShake, et le trouver expose les réseaux qui ne pouvaient pas être trouvés.

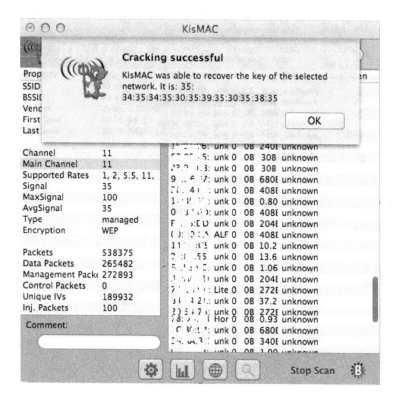

Une fois le Handshake découvert, le dictionnaire WPA est chargé, lorsqu'il est localisé le programme lui-même est chargé de réaliser l'attaque, cet outil est simple et efficace à utiliser comme moyen de piratage des réseaux WiFi, c'est l'occasion pour un Mac de réaliser ce processus.

Outils avancés pour l'audit des réseaux WiFi

Il existe actuellement différents outils permettant d'effectuer une inspection des réseaux WiFi, ces systèmes sont utilisés pour dévoiler des clés, comme cela a été répété, ces fonctions sont à la disposition de tout le monde avec une simple pré-installation, ainsi qu'un accès depuis différents systèmes.

L'un des outils les plus utilisés pour casser les réseaux WiFi, est le scanner de réseau WiFi, c'est une application qui est disponible pour Android et iOS, de même l'utilisation sur les ordinateurs peut être plus confortable pour la plupart, la simplicité de cette installation ouvre toutes les portes pour penser à cette alternative.

Chaque point d'accès à proximité sera détecté, ce qui signifie que vous pouvez disposer de données, du niveau ou de la force du signal, du cryptage et de l'adresse MAC du point d'accès, ce qui constitue un avantage par rapport aux protocoles de sécurité faibles, comme le WEP, et il en va de même pour le WPA.

Dans le cas de l'utilisation de systèmes d'exploitation tels que Windows, le meilleur choix comme scanner est Acrylic WiFi, c'est un mode professionnel pour effectuer la création de scripts, c'est l'un des différents outils qui s'étendent à une utilisation mobile, tout dépend de la façon qui est plus pratique.

L'information fournie par le scanner est ce qui aide à pirater certains réseaux, dans le cas de vouloir effectuer ces étapes à partir de dispositifs Android, la réponse se trouve sur WiFi Analyzer, étant une grande solution parce qu'il a un mode libre, étant utile pour l'accès à la bande 2,4 GHz et même 5 GHz.

Pour une utilisation via les appareils iOS, vous pouvez télécharger Network Analyzer Pro, bien que ce ne soit pas une option gratuite, mais cela signifie qu'il fournit des fonctionnalités avancées, cela marque une grande distinction contrairement à certaines applications Android.

Les outils les plus importants pour pénétrer les réseaux WiFi sont les suivants :

- **WirelessKeyView :** Il représente un outil qui a un niveau d'utilité positif, est gratuit et est responsable de la recréation d'une liste de clés WEP, WPA2 et WPA, en utilisant chaque élément de données qui est stocké par l'ordinateur.

- **Aircrack-ng :** Il s'agit d'une suite d'applications open source, chacune étant conçue pour pirater les clés WEP et WPA/WPA2, elle est compatible avec tout type de système et ses fonctions sont étendues.

Au-delà de ces outils, les renifleurs Wi-Fi constituent une méthode beaucoup plus efficace pour conserver des informations sur les points d'accès, en retenant les paquets qui sont partagés sur le réseau, et ces données de trafic peuvent être importées dans les outils susmentionnés.

Décrypter les mots de passe WiFi stockés sur le téléphone portable

Saisir certains mots de passe de réseau WiFi sur le mobile, peut apporter des inconvénients à l'avenir comme les oublier, ou vouloir revenir à cet endroit et avoir le mot de passe pour le saisir sur un autre type d'appareil, dans ce scénario, il est possible de décrypter la clé, à la fois les appareils Android et Apple.

Chaque appareil stocke une quantité infinie de données, au milieu de ces informations se trouvent les accès au réseau WiFi, puisque c'est ce type de stockage qui leur permet de se connecter automatiquement, augmentant ainsi les chances de récupérer ce type de données en développant un processus spécifique pour cette mission.

- **Pour les appareils mobiles Android non enracinés**

L'un des avantages des systèmes Android modernes tels que ; Android 10 ou Android 11, il est beaucoup plus facile de voir les clés, sans aucun besoin de root, pour ce faire, il suffit de partager le réseau à travers le code QR, ainsi les informations sont comprimées par ce biais, où est également le mot de passe.

Grâce à cette façon, le système lui-même génère un code QR, permettant à partir d'un autre appareil peut être scanné, pour cela vous pouvez utiliser des applications conçues pour cette fonction, sur les différents appareils n'ont pas besoin de télécharger quoi que ce soit parce que le système lui-même comprend, faisant partie de marques telles que Xiaomi, Samsung et autres.

La création du code QR s'effectue au moyen d'un processus simple, comme suit :

1. Entrez les paramètres du téléphone portable.

2. Naviguez vers les connexions WiFi, et trouvez le réseau que vous voulez récupérer ou connaître à nouveau son mot de passe.

3. Dans les options qui s'affichent sur ce réseau, vous devez rechercher le symbole du code QR, lorsque vous cliquez dessus, une image avec le code est créée.

4. L'image transmise ou générée doit être capturée pour enregistrer le code QR. Au milieu de cette information figure le nom du réseau WiFi, appelé SSID, ainsi que le mot de passe, qui est précisément ce que vous recherchez.

5. Dans le cas où vous n'avez pas un appareil mobile qui ne vous permet pas de générer un code QR, vous pouvez capturer le code QR en utilisant Google Lens, cet outil s'ouvre lorsque vous appuyez sur l'Assistant Google, et dans un carré avec un point, la capture du code QR est incorporée dans la galerie.

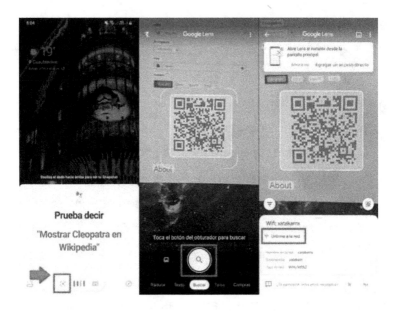

Cette méthode complète une méthode très simple, comparée à ce qu'implique l'enracinement d'un téléphone portable, car chaque condition du téléphone portable fait croître les conditions ou les processus pour trouver le mot de passe.

• Décryptage des clés WiFi par les téléphones portables rootés

Chaque téléphone Android stocke par défaut chacune des clés de réseau WiFi, vous pouvez donc accéder à ces données facilement, il n'est pas nécessaire de noter les données en cas de perte, il est donc essentiel d'obtenir ce type d'informations par le biais de l'appareil rooté.

Avoir un mobile enraciné, implique que vous pouvez avoir accès à chaque enregistrement, cela inclut la question des mots de passe, ce n'est pas facile, car cela compromet la sécurité de l'appareil mobile, mais c'est une gestion complète du mobile, qui vous permet d'utiliser différentes applications qui sont compatibles avec cette condition, comme les suivantes :

1. Récupération des clés WiFi

Cette application met en œuvre une méthode aussi simple que la précédente, vous avez accès aux réseaux enregistrés, pour trouver les options où vous vous êtes déjà connecté, il suffit donc de sélectionner le réseau qui vous intéresse, vous pouvez alors cliquer sur l'option pour partager la clé, en créant le code QR ou en l'envoyant à un ami.

• Découverte des clés du réseau WiFi avec root et l'explorateur de fichiers

Avec un appareil qui a un accès root, il y a aussi la possibilité de récupérer le mot de passe WiFi à travers l'explorateur de fichiers, cela peut généralement être une lecture du Root

Browser, pour cela des permissions doivent être accordées au root pour pouvoir explorer chacun des fichiers.

La recherche des fichiers où se trouvent les clés doit être effectuée au moyen de la commande data/misc/wifi, jusqu'à trouver le fichier wpa.supplicant.conf. Il faut l'ouvrir à travers un éditeur de texte, puis l'exécuter pour observer les réseaux WiFi avec les mots de passe, en localisant tout l'historique des connexions du passé.

• **Recherche par clé via iOS**

Observer les mots de passe trouvés dans les systèmes iOS est possible, bien que la découverte de ces réseaux WiFi puisse être plus compliquée par rapport à Android, pour cela il faut avoir un macOS, en plus d'avoir l'iPhone synchronisé directement dans iCloud.

Tout d'abord, il est essentiel d'avoir activé iCloud, pour cela il faut aller dans les paramètres, puis dans Apple ID, jusqu'à trouver le trousseau iCloud, afin de pouvoir vérifier que tout est activé, bien que cette séquence d'étapes dépende du type de version d'iOS avec lequel le processus est effectué.

Une fois iCloud activé, il est temps de retourner dans les paramètres, dans ce secteur vous pouvez prendre en compte l'option "partage internet", maintenant le processus est dirigé vers le Mac, pour effectuer l'action de récupération à travers ces étapes :

1. Connectez l'ordinateur Mac au point d'accès, cela se fait via l'iPhone et les options du menu WiFi.
2. Au fur et à mesure que la synchronisation est générée, chacun des mots de passe stockés sur l'iPhone, commence à être relié à l'ordinateur Mac.
3. Une fois que vous êtes sur l'ordinateur Mac, il est temps d'ouvrir l'application Trousseau.
4. Vous devez aller dans l'option "système", qui se trouve dans la partie supérieure gauche de la fenêtre.
5. Il est temps de cliquer sur l'option "mots de passe", qui se trouve sur le côté gauche de l'écran.
6. La sélection de l'option ci-dessus fait apparaître chacun des réseaux qui se sont connectés à l'iPhone, puis vous pouvez choisir le réseau que vous souhaitez découvrir ou sonder.
7. Ensuite, cliquez sur l'option "montrer le mot de passe".
8. Le programme vous demande immédiatement le nom d'utilisateur et le mot de passe, ce qui vous permet d'agir en tant qu'administrateur, jusqu'à ce que le mot de passe que vous recherchez soit délivré.

Alternatives au piratage des réseaux WiFi

Le contrôle ou la vulnérabilité des réseaux WiFi, est développé sous une grande variété de programmes conçus à cet effet, l'un des plus populaires avec un grand nombre de téléchargements à l'heure actuelle sont les suivants :

- ## Testeur WiFi WPS WPA

Il s'agit d'un outil de piratage très implémenté et simple pour Android, son idée originale est la récupération de clés perdues de réseaux WiFi, son utilisation est basée sur l'implémentation d'un dictionnaire pour trouver le type de clé compatible avec ce réseau, ce n'est pas un algorithme directement attaqué pour des questions légales.

L'opération repose sur les informations par défaut des fabricants de routeurs, cette configuration est exploitée au maximum, en testant ou en utilisant les 13 tentatives pour trouver le mot de passe du réseau WiFi, avec l'application des informations ou des données de ces modèles populaires.

- ## Cain & Abel

Ce moyen est indispensable lorsqu'il s'agit de piratage, il est connu en abrégé sous le nom de Cain, il a une grande puissance à être utilisé sur Windows, il se spécialise dans le chargement de paquets pour effectuer une recherche profonde, ce qui fait qu'il est également capable de craquer, en utilisant différents hachages de mots de passe.

Des techniques de sniffing sont utilisées, sans laisser de côté l'action de cryptanalyse, c'est un accompagnement de force brute ainsi que des attaques par dictionnaire, l'outil casse une capacité de capturer et d'obtenir des mots de passe de réseaux WiFi, en étudiant les protocoles qui sont en transfert.

Il est inimaginable la quantité de données qui peuvent être retenues lorsque cet outil fonctionne, par la suite en utilisant Cain, n'importe qui trouve des points faibles sur la sécurité du réseau WiFi, chaque aspect est exposé par l'outil, en principe avec une orientation informative, et peut être utilisé comme un indice pour pirater.

• Kismet

C'est un outil de capture de paquets, il est basé sur un mécanisme de piratage, il manifeste la capacité d'analyser toutes sortes d'aspect sur le réseau, sa principale mise en œuvre est notée sur les intrus qui parcourent ce type de connexion, chaque fonction va de pair avec la carte WiFi.

Le mode rfmon permet de surveiller n'importe quel réseau, peu importe s'ils sont cachés, car il met en évidence les protocoles de réseau sans fil : 802.11a, 802.11b, 802.11g et même 802.11n, sa disponibilité est sur les systèmes d'exploitation tels que Linux, Windows et BSD, il peut donc être exécuté.

• Airsnort

L'action sur les réseaux WiFi cryptés, est une réalité grâce à cet outil, son intervention est passive, il est lancé sur les connexions WiFi, pour saisir les paquets afin d'obtenir la clé de cryptage du réseau en quelques secondes, ces caractéristiques sont similaires à celles d'Aircrack.

La différence de cet outil avec le reste, est basée sur son interface, car sa gestion est plus ouverte pour n'importe quel utilisateur, il n'y a donc aucun problème pour prendre plus de contrôle sur le programme, son téléchargement est gratuit et disponible pour Windows et Linux.

• NetStumbler

Il représente une alternative idéale pour Windows, le but est que cette application puisse détecter un point d'accès, elle est également conçue pour effectuer des fonctions beaucoup plus avancées sur les réseaux mal configurés, au milieu d'un réseau il y a une variété d'options.

La version de cet outil est gratuite, et dispose même d'un mode minimaliste comme MiniStumbler, celui-ci est intégré comme un utilitaire pour tout type d'utilisateur Windows.

- ## Airjack

Si vous voulez aller au-delà de l'action de piratage, cet outil est une excellente réponse pour franchir ce pas, sa fonction est l'injection de paquets sur tout type de réseau, extrayant ainsi les données, cherchant que ces vulnérabilités peuvent être exploitées au maximum, générant l'accès aux ressources du réseau.

La gestion de ce type d'outil est remarquable, bien qu'initialement il s'agisse de mesurer la sécurité d'un réseau WiFi, en répondant à l'injection de faux paquets, c'est un téléchargement nécessaire pour ce type d'objectif.

- ## inSSIDer

Chaque détail d'un réseau WiFi peut être exposé grâce à cet outil, non seulement des fonctions de piratage, mais aussi un scanner complet pour agir sur le réseau sans fil de la manière appropriée ou souhaitée, sa conception remplit une variété de tâches, comme l'accentuation des points d'accès de chaque réseau WiFi.

D'autre part, le signal est contrôlé, de sorte que chaque enregistrement est collecté pour garder une trace des données de la carte sans fil, ce qui est l'une des fonctions les plus importantes de ce système.

• CowPatty

Il s'agit d'une option disponible pour les systèmes Linux, elle permet de réaliser des audits sur la sécurité du réseau WiFi, c'est l'une des plus utilisées à cette fin, son exécution ou son action est basée sur une série de commandes, où l'utilisation de dictionnaires est exécutée en plus de la force brute pour violer toutes sortes de sécurité.

En ce qui concerne les systèmes de sécurité des réseaux WiFi, la chose la plus habituelle est qu'il a des résultats positifs sur les systèmes WEP et WPA, vous pouvez donc télécharger cet outil pour profiter de ces aspects.

• Wepttack

L'utilisation de ces outils ne s'arrête pas à Linux, en fait c'est là qu'ils sont les plus efficaces, c'est le cas de cette application, elle est utilisée pour avoir un domaine exclusif sur cet écosystème, bien que son action soit uniquement spécialisée sur le cryptage WEP, en utilisant ce type d'attaques au moyen de dictionnaire.

L'utilité centrale de ce programme est de garder la trace de la sécurité, causant le mot de passe peut être obtenu sur l'étude de ces réseaux, son but est d'être une grande réponse à certains oublis de ce type, est un programme complet dans tous les sens, mais utile même à des fins de piratage.

Comment décrypter les mots de passe des réseaux WiFi selon les entreprises

L'un des aspects clés ou faciles à exploiter pour pirater les réseaux WiFi est l'entreprise, c'est-à-dire que l'opérateur Internet est connu comme une variable de vulnérabilité qui peut être étudiée en profondeur pour effectuer l'attaque, également selon le type d'entreprise le processus change, donc il est utile de le connaître un par un.

- **Décoder les clés WiFi de Jazztel**

La figure d'un routeur Jazztel, est un utilitaire technologique qui nécessite une attention maximale, car il a un large niveau de vulnérabilité, si le mot de passe intégré par défaut ne change pas, cela signifie seulement que de nombreuses attaques seront à l'origine, parce que n'importe qui peut être en mesure d'attaquer cette sécurité.

Pour vérifier et profiter de toute opportunité, il suffit de télécharger Router Keygen, puis il suffit de lancer ses fonctions, le processus prend alors plus de 2 secondes, même si vous avez changé le mot de passe du réseau, vous pouvez utiliser des systèmes de vérification tels que WifiSlax ou Wifiway.

Ce type de connexion n'offre aucune garantie, le décryptage de la clé s'effectue rapidement, sans compter que la plupart de ces réseaux ne disposent pas du cryptage WPA2, c'est-à-dire que les systèmes d'audit fonctionnent efficacement lorsqu'un mot de passe n'est pas établi.

Afin de mener à bien tout type d'attaque, il est recommandé que chaque utilisateur cherche à établir un mot de passe complexe, car lorsque des combinaisons de majuscules, de minuscules et de symboles sont imposées, il est très difficile de déchiffrer les mots de passe.

- ## Découvrez les mots de passe de la société ONO

Les réseaux ONO peuvent être une cible pour le piratage, il est préférable d'opter pour des systèmes tels que Wifislax, car il a une grande marge de succès, ce qui permet d'exploiter au maximum tout type de vulnérabilité, bien qu'à travers Android il y ait aussi la possibilité de réaliser un hack.

Avec l'application Android ONO4XX FREE, vous pouvez attaquer un réseau WiFi, il suffit d'un téléchargement pour réaliser cette étape, bien qu'elle ne soit pas aussi puissante que Wifislax, car le mode Android ne décrypte que les clés des routeurs ONO qui sont anciens, ou ceux qui ont des clés WEP ou WAP, jusqu'à celles par défaut.

Pour reconnaître qu'il s'agit de la société ONO, vous devez identifier le SSID, qui a normalement une nomenclature comme la suivante :

1. ONOXXXXXXXX
2. ONOXXXX
3. ONOXAXA

Ce genre d'étude est utile, où l'application ONO4XX FREE est responsable de l'exploitation des clés des routeurs ONO, qui ont le SSID ONOXXXXXX, c'est-à-dire ne possédant pas de lettres mais cette description, car cela signifie qu'ils ont une ancienne sécurité, ce qui a aussi un effet retentissant le type de MAC, car il est requis pour commencer :

1. E0:91:53
2. 00:01:38

Mais quand le réseau n'est pas compatible avec ces détails, vous pouvez toujours essayer de violer la sécurité du réseau WiFi, car le routeur ONO a une grande faiblesse à l'action de Wifislax, parce que l'algorithme qui a le mot de passe ONO, a été divulgué sur la plupart des conceptions de piratage.

ONO est considéré comme l'un des opérateurs sûrs, mais laisse certains critères de sécurité entre les mains des intentions d'attaque. Bien que cette société soit actuellement au-dessus de Vodafone, ses routeurs Netgear offrent des performances acceptables, mais sans la configuration de base, ils restent des réseaux faciles à attaquer.

- ## Décrypter les mots de passe du réseau WiFi Movistar

Les routeurs WiFi Movistar sont classés comme l'un des plus faciles à pirater, et son SSID est très accessible à vérifier, et dans la plupart des villes est un service commun, à cela s'ajoute une longue liste d'applications Android qui permettent le décodage des clés de ces réseaux.

Movistar comme l'un des opérateurs à prendre en compte, l'opportunité de piratage est basée sur la configuration en série de leurs routeurs, car lorsque le WPS est activé il complique tout, donc l'utilisation de l'application Androdumpper, ainsi que le programme Wifislax a un résultat optimal pour retenir le mot de passe désiré.

Il est très rapide de découvrir la clé du réseau WiFi, car plus il faut de temps pour désactiver le WPS, plus les chances d'accéder au réseau WiFi sont grandes, surtout si des clés à haute densité ne sont pas configurées.

- ## Décrypter les mots de passe du réseau WiFi Vodafone

Entre 2014 et 2015, les réseaux WiFi de Vodafone n'ont fait obstacle à aucune tentative de piratage, car les informations ont été entièrement divulguées, ce qui a permis à l'ensemble de la communauté en ligne de connaître l'algorithme utilisé.

Dans n'importe quel endroit où il y a une clé prédéterminée, il est facile de pirater les réseaux WiFi, la vulnérabilité est un facteur qui ne peut être négligé, puisque des programmes tels que Router Keygen a l'algorithme de cette société, bien qu'avec les routeurs qui sont nouveaux, le processus de piratage devient compliqué.

La meilleure façon de décrypter un réseau WiFi de cette société, est à travers l'outil Kali Linux, avec son application "WifiPhisher", étant une méthode de piratage avancée, à travers ces méthodes une variété d'attaques sont gérées, l'action de WifiPhisher est basée sur la création d'un faux point d'accès.

Comme l'action du routeur Vodafone peut être bloquée, pour que l'utilisateur puisse émettre son mot de passe, la chaux est décryptée dans un but malveillant, ce genre d'obtention fait partie du pouvoir de WifiPhisher qui acquiert le nouveau mot de passe, pour eux les pop-ups sont un leurre pour atteindre ce mot de passe.

Cette méthode est d'une efficacité redoutable sur un autre type de réseau, car Vodafone n'est pas la seule entreprise à risquer d'être piratée par les fuites de données.

- **Obtenez des clés de réseau WiFi avec Orange**

Pour ceux qui cherchent à décoder une clé WiFi Orange, il existe de nombreuses possibilités pour effectuer cette procédure, l'une des plus importantes est l'application Android Pul-Wifi, elle est basée sur un mécanisme simple qui permet d'observer en vert les réseaux qui sont vulnérables.

Au milieu de l'analyse de cette application, en couleur rouge sont ceux qui ne sont pas possibles à pirater, cela est dû au fait que cette application a le design chargé avec l'algorithme des réseaux WiFi Orange, donc il domine la plupart des clés qui ont les routeurs WiFi Orange par défaut.

D'autre part, afin de pénétrer dans les réseaux WiFi, vous pouvez utiliser l'outil WirelessCracker, puisqu'il a un fonctionnement similaire à celui de Pulwifi, il suffit de profiter de la reconnaissance des SSID, pour exploiter la faiblesse de chaque entreprise, dans le cas d'Orange il y a ce pourcentage vulnérable.

De préférence, l'utilisation de Pulwifi donne de meilleurs résultats, car il fournit des notifications lorsqu'il y a une possibilité de violation, puisqu'il se concentre sur un réseau WiFi qu'il peut décoder efficacement, au moyen des informations sur les mots de passe WiFi d'Orange qu'il a stockées.

- ## Décoder les réseaux WiFi de Claro

Au milieu des réseaux WiFi qui font partie de Claro, le moyen le plus efficace de s'en sortir est d'utiliser Turbo WiFi, surtout comme un outil utile pour le grand nombre de pays où Claro opère, étant donné le grand nombre de zones Claro, c'est une solution clé, d'autre part, vous pouvez incorporer l'opération de Wifi Unlocker comme un grand outil pour cela.

Au milieu des tentatives de piratage, l'action d'un APK peut être ajoutée, les meilleures stratégies sont incorporées, les meilleurs résultats sont présentés, parce que le réseau WiFi lui-même reçoit des attaques de différents fronts.

La meilleure façon de pirater les réseaux WiFi, étape par étape

Dans les différentes méthodes qui existent pour pirater les réseaux WiFi, chacune a sa facilité ou sa complication, tout dépend des connaissances de base de l'utilisateur, mais l'important est de reconnaître que chaque méthode, est un échec ou une négligence de la sécurité de la connexion elle-même.

Les étapes initiales pour pirater un réseau WiFi, à un niveau général et sur la base du programme Wifislax, sont les suivantes :

1. Tout d'abord, vous devez avoir le système Wifislax à télécharger, sa fonction est d'auditer les réseaux informatiques, et il est très utile pour obtenir des données de cette nature.

2. Une fois que vous avez téléchargé Wifslax, il est temps de le transférer sur une clé USB, en utilisant un programme spécial qui vous permet de convertir ce stockage en un système amorçable.

3. Connectez le lecteur flash USB à l'ordinateur, puis allumez l'ordinateur, pour lancer le démarrage de Wifislax, sans causer de dommages.

4. Une fois que vous avez lancé Wifislax, il y a une possibilité de pirater le réseau WiFi en utilisant ces outils basés sur l'audit.

Pour que cette procédure se déroule efficacement, il est important de disposer d'un ordinateur, bien que ces étapes ne soient pas adaptées à un Apple Mac, mais l'exigence répétée qui est imposée comme condition est la carte WiFi, en cherchant à ce qu'elle soit compatible avec les fonctions d'audit.

La recommandation pour avoir cette exigence couverte, est d'avoir l'adaptateur WiFi USB Alfa Network, il est basé sur un adaptateur qui fonctionne à travers une puce, aidant les outils de piratage à être pleinement utilisés, la première chose est de tester la puce sur l'ordinateur.

D'autre part, le rôle de la clé USB est important, puisque cette capacité de 8 Go comme recommandation, est celle qui contiendra le système, provoquant l'installation de chacun des outils d'audit qui sont la clé du piratage, pour de meilleurs résultats vous pouvez mettre en œuvre une antenne WiFi de grande capacité.

Ces étapes initiales sont celles qui permettent de réaliser n'importe quel plan de piratage, et la disponibilité de Wifislax peut être de 32 ou 64 bits, pour convertir le pendrive en système bootable, il est préférable d'utiliser le programme UnetBootIn, où l'ISO est ajouté, mais une fois le programme installé, il ne reste plus qu'à utiliser ses outils.

Le démarrage du programme vous permet de trouver toutes les options disponibles, où le même démarrage de Windows apparaît mais avec un thème Linux, il suffit de cliquer sur "exécuter la commande", puis il est temps d'entrer la commande "geminis auditor", c'est un outil qui aide à scanner chaque réseau WiFi disponible à portée de main.

Les réseaux qui sont émis en vert, sont accessibles au piratage, pour l'attaquer, cliquez sur l'option pour attaquer la cible, le même outil fournit deux options, vous pouvez exécuter les deux pour générer l'émission du mot de passe du réseau WiFi, le chemin pour cela est "opt/GeminisAuditor".

Cette commande est responsable de la création d'un fichier avec tous les mots de passe qui ont été décryptés, pour les utiliser, vous devez ouvrir un fichier à partir du navigateur, un autre type d'outil qui fournit le programme est Linset étant une autre des fonctions de ce programme complet, qui peut être entièrement exploré.

Kali Linux : le piratage le plus efficace des réseaux

Lorsque l'on évoque les méthodes pour pirater les réseaux WiFi, il est impossible de laisser de côté un système d'exploitation conçu pour cette fonction, c'est pourquoi il s'agit de l'une des options les plus populaires, il a également différentes façons de s'installer, il peut être sur l'ordinateur et au milieu du disque de démarrage.

Crear máquina virtual

Nombre y sistema operativo

Name: Kali Linux 2018 AMD64

Machine Folder: D:\maquinas vituales\Kali Linux

Tipo: Linux

Versión: Debian (64-bit)

Tamaño de memoria

1024 ÷ MB

4 MB   16384 MB

Disco duro

○ No agregar un disco duro virtual

◉ Crear un disco duro virtual ahora

○ Usar un archivo de disco duro virtual existente

   1. NewVirtualDisk1.vdi (Normal, Inaccesible)

Modo guiado   Crear   Cancelar

Ce type de réponse ou de mesure, qui peut être exécuté sur un ordinateur, connu sous le nom de VMWare, Virtual Box et autres options, stocke une importante variété d'outils d'investigation informatique, parmi lesquels se distinguent Kismet et Aircrack-ng, qui permettent le pentesting dans les réseaux WiFi.

Ce type de système dispose d'un mode gratuit, son support web est vraiment positif à prendre en compte, et en ligne circule une variété importante de contenu pour commencer à travailler avec cet outil à partir de zéro, il se distingue pour inclure les outils suivants :

- **Reaver : Il s'agit d'**une action qui permet de pirater n'importe quel réseau par le biais du WPS, en particulier lorsque le PIN est activé, étant efficace sur les réseaux qui gardent le WPS actif.

- **Wi-FI Honey : C'**est un outil qui a la forme d'un nid d'abeille, provoquant l'effet d'attirer les utilisateurs, car ils veulent se connecter à ce point d'accès, ils acquièrent ces données par la mise en place de faux AP, c'est une capture de ce type de trafic.

- **FreeRadius-WPE : Il est** responsable de la réalisation d'attaques de type man-in-the-middle, étant idéal pour l'authentification 802.1 comme l'une des cibles.

Apprenez à décrypter les réseaux WiFi avec Aircrack-ng

L'utilisation de aircrack-ng doit être expliquée car c'est l'un des meilleurs outils, il a une grande fonction ou performance pour pirater les réseaux WiFi, bien que pour cela vous devez avoir une carte sans fil, sans laisser de côté d'avoir la distribution Kali Linux, pour se conformer à ces aspects, est d'être prêt à effectuer les actions suivantes :

1. Préparation de l'adaptateur

C'est une phase de vérification sur Kali, est l'identification de l'adaptateur, cela est possible à travers le terminal, où vous exécutez la commande : airmon-ng, puis il est temps de désactiver tout processus intervenant, pour cela vous devez placer cette commande : airmong-ng check kill.

Par la suite, la surveillance est activée au moyen de la commande : airmon-ng start wlan0, pour laquelle il faut identifier le nom de l'interface, afin de pouvoir démarrer le airodump-ng, ainsi chaque connexion est étudiée.

2. Trouver un réseau WiFi cible

Lorsque vous avez la liste des points d'accès proches, vous pouvez mettre en œuvre la fonction de décryptage du mot de passe de celui qui est sélectionné, pour cela il est important de noter le BSSID et le CH, puis il est temps d'appuyer sur les touches Crtl+C, exécutant ainsi la commande airodump-ng -c 6 -bssid 02 : 08 : 22 : 7E : B7 : 6F - write (nom du réseau).

3. **Émettre une attaque de deauth**

Il est temps d'ouvrir un terminal, pour générer l'attaque deauth, afin que chaque utilisateur soit déconnecté de ce réseau, cela crée un scénario idéal pour obtenir le handshake, une fois qu'il est obtenu, appuyez sur Crtl+C à nouveau.

4. **Décrypter les mots de passe WiFi par force brute**

Cette étape est consacrée au dévoilement de la clé à l'aide d'aircrack-ng, ce qui devrait provoquer le retour du résultat KeyFound, tout dépend de la complexité de la clé.

La méthode la plus rapide pour pirater les réseaux WiFi

Le piratage des réseaux WiFi peut être exécuté de manière simple, donc le principal outil à garder à l'esprit est le programme WiFi Hack 2021 All In One, il a été considéré comme le moyen le plus efficace de violer la sécurité de cette connexion, étant un programme compatible avec Windows, MAC et Linux.

Ce type d'utilitaire peut être utilisé à travers Android et iPhone, à travers un téléchargement qui n'est pas entièrement gratuit, ceci parce que ce n'est pas un processus simple, et a des résultats réels, donc c'est une solution rapide, efficace mais pas économique pour certains utilisateurs qui cherchent un moyen gratuit.

NetSpot pour le piratage des réseaux WiFi vulnérables

L'analyse pour pirater un réseau WiFi peut être effectuée avec NetSpot, puisque sa spécialité est basée sur la concentration sur ce type de réseau qui a un niveau de sécurité inférieur, c'est-à-dire que tout l'accent est mis sur ceux qui sont protégés et classés comme WEP, étant une grande différence dans la résistance basée sur WPA ou WPA2.

Trouver des réseaux qui sont protégés par WEP signifie que vous avez entre les mains une alternative facile pour le piratage, car il suffit d'installer le logiciel approprié, de le laisser agir, et en peu de temps le réseau WiFi sera décrypté, l'action de NetSpot est importante car elle applique une découverte comme méthode d'analyse.

Au milieu des rapports fournis par cet outil, il présente tous les détails relatifs aux réseaux WiFi adjacents, c'est une grande facilité pour voir chacun des noms et identifications des réseaux entourant vos appareils, jusqu'à déterminer le niveau du signal, les canaux qui émettent des données et la sécurité aussi.

Lorsqu'un réseau avec une sécurité WEP est mis en évidence, il est temps de démontrer la connaissance du piratage de ce type de réseau, la recherche de ce type de réseau a été facilitée par cet outil, qui travaille en même temps pour aider à protéger un réseau, en évaluant les exigences de sécurité.

Comment craquer le mot de passe par défaut du routeur ?

L'importance du routeur repose sur le fait qu'il est la source même des connexions, celles-ci sont exposées à différents types de logiciels malveillants qui cherchent à tirer parti des mots de passe faibles, ceci est dû en partie aux utilisateurs qui n'entrent pas dans le routeur, c'est-à-dire son site web, pour changer le mot de passe qu'ils fournissent par défaut.

La sécurité d'une connexion dépend de cette étape, la première chose à prendre en compte est l'adresse IP, car elle est différente pour chaque routeur, et c'est ce qui vous permet d'entrer dans l'interface d'administration du même, cette adresse IP est sur le même routeur placé sur une étiquette.

Mais, ce type d'adresse IP peut être trouvé à travers des sites comme routeripaddress.com, étant une source d'information sur l'adresse IP d'un routeur, donc avec quelques clics, vous avez accès à ce type d'information, le meilleur exemple vient après le routeur Linksys, qui a une adresse commune de 192.168.1.1.

Dans le cas du routeur Belkin, son adresse est connue sous le nom de 192.168.2.2.2, vous pouvez donc accéder à ses options d'administration :

-10.0.0.1

-10.0.1.1

-192.168.2.1

-192.168.11.1

-192.168.0.1

-192.168.0.227

En identifiant le fabricant du routeur, il est possible d'aller au fond des configurations, ce qui est bénéfique pour l'exploitation de ce type de vulnérabilités, ainsi que certains outils mentionnés plus haut, qui permettent de découvrir ces données, ce qui est important pour tirer parti de la négligence.

Le mot de passe par défaut pour accéder à la configuration du routeur est généralement "admin", mais vous pouvez également utiliser Google pour trouver le nom de connexion et le mot de passe par défaut pour le modèle et le fabricant du routeur, de sorte que vous pouvez obtenir plus d'informations pour casser la configuration.

Défauts disponibles derrière les routeurs

Aucun type de routeur n'est à l'abri des vulnérabilités, car au niveau matériel et logiciel, surtout lorsqu'ils ne disposent pas d'un système de mise à jour actif, ils sont toujours vulnérables et mettent en danger l'ensemble du réseau WiFi. Plus de 127 routeurs domestiques présentent des failles de sécurité, provoquant des résultats malheureux.

Pour déterminer la vulnérabilité d'un routeur, il est nécessaire de prendre en compte certains détails, le premier est la date de son lancement, pour détecter le type de firmware qui a ce modèle, à cela s'ajoute le temps qui a la version du système d'exploitation utilisé, d'autre part, sont les techniques que le routeur a pour atténuer la déception.

Sur le marché, par des statistiques et des études, il a été déterminé que 46 d'entre eux n'ont pas eu de mises à jour ces dernières années, causant une grande faiblesse aux attaques de toutes sortes, sans laisser de côté les modèles qui émettent des mises à jour sans patcher les vulnérabilités connues, il s'agit donc d'une grande marge d'option piratable.

Les meilleures marques qui répondent à ces critères sont ASUS et Netgear, tandis que D-Link, TP-Link, Zyxel et Linksys, ceci parce que les deux premières marques ont 13 clés privées accessibles, ce qui signifie qu'aucun attaquant ne peut les avoir, alors que si la clé est dans le firmware, la clé est présente sur ces modèles.

Plus de 90% des routeurs utilisent le système Linux, et ce type de système n'est pas constamment mis à jour, seulement 5% d'entre eux ont un support de mise à jour jusqu'en 2022, mais quand il s'agit d'éviter d'acheter un routeur, le Linksys WRT54GL se distingue, car il est l'un des plus vulnérables du marché.

La faiblesse du modèle susmentionné est due au fait que sa conception correspond à 2002, et que certains utilisateurs le conservent ou même l'acquièrent en raison de son faible coût, donc l'utilisation d'un vieux routeur représente un danger important, ainsi, en connaissant la marque du routeur, il est possible de déterminer à l'avance la difficulté à pirater.

Conseils et conditions pour pirater les réseaux WiFi

Se consacrer au piratage d'un réseau WiFi est sans aucun doute une action qui prend du temps, mais pour que ce ne soit pas un effort perdu, vous pouvez suivre les recommandations suivantes pour mener à bien un processus efficace :

• Vérifiez la capacité de votre équipement

Il est essentiel de prendre en compte le type de mécanismes dont vous disposez pour utiliser un outil de piratage, puisque disposer d'une carte WiFi est une condition essentielle pour un processus avec de meilleurs résultats, au cas où vous ne l'auriez pas, ce que vous pouvez faire est d'avoir une carte connectée via USB.

D'autre part, en plus de la carte WiFi, la fonction d'antenne WiFi est ajoutée pour étendre les possibilités, avec un meilleur signal il y a plus de chance de trouver une ouverture, ou que le processus soit généré avec succès, sans laisser de côté les performances de l'ordinateur ou de l'appareil, afin que vous puissiez effectuer le piratage sans problèmes.

• La préférence pour Linux persiste

Bien qu'il existe des programmes et des outils pour Windows qui permettent de pirater les réseaux WiFi, il est préférable d'utiliser Linux, il n'est pas nécessaire de changer le système d'exploitation, mais vous pouvez créer un CD amorçable sur l'ordinateur, pour utiliser l'outil d'un aspect basique.

Avant de commencer le processus de piratage, vous pouvez intégrer un ordinateur compatible avec ces exigences. Idéalement, les programmes doivent être exécutés à leur capacité maximale, sinon, même s'il s'agit du bon téléchargement, il ne produira pas les effets escomptés, à savoir révéler une clé ou attaquer un réseau WiFi.

• Considère que le craquage n'est pas légal

La pratique du cracking n'est pas tout à fait légale, surtout lorsque vous commencez à générer une consommation de données, bien qu'il s'agisse d'une infraction légale mineure, c'est-à-dire que vous ne vous exposez qu'à une amende, de plus la plupart des outils sont conçus pour auditer les réseaux WiFi, mais avec sa puissance, viennent à être utilisés pour un objectif de piratage.

- **L'avantage se situe au niveau des réseaux avec des protocoles de sécurité inférieurs.**

Dans le cadre du piratage des réseaux WiFi, il convient de se concentrer sur les réseaux de type WEP, car ils offrent un avantage considérable en termes de vulnérabilité, car leur propre ancienne configuration constitue une vulnérabilité facilement exploitable.

Que faire lorsque des méthodes de piratage sont utilisées sur vos réseaux WiFi ?

Lorsque l'un des outils ci-dessus provoque une brèche dans votre sécurité WiFi, il est temps de penser à renforcer chaque aspect faible du réseau, afin que l'accès soit complètement contracté, l'immunité au piratage peut être construite après les étapes suivantes :

- Définissez la clé WiFi, au lieu de choisir le routeur par défaut, la meilleure solution est de la personnaliser.

- Modifier le nom du réseau (SSID), cela permet d'éviter que le type de routeur soit facilement connu, ce qui l'empêche de profiter des failles de sécurité de cette marque.

- Il utilise le cryptage WPA2, cette décision ou mesure vise à rendre compliqué ou à générer plus de temps pour décrypter la clé au moyen d'un logiciel.

- Limitez le nombre ou la quantité d'adresses IP, cette attribution empêche la création d'une concurrence de pirates, une autre option consiste à placer un filtre MAC sur le routeur.

- Limite la technologie qui n'est pas utilisée, cela a à voir avec l'activation du WPS.

- Il possède un micrologiciel qui peut être mis à jour.

- Il utilise une ancienne installation, comme l'adaptation du câble, étant une modalité beaucoup plus fiable.

La sécurité maximale du protocole WPA3

Face au piratage des réseaux WiFi, il est indispensable de tenir compte des protocoles de sécurité qui font l'objet d'innovations constantes, comme cela a été le cas avec le lancement du protocole WPA3, qui impose une grande inquiétude pour tout objectif d'attaque, car les mots de passe sont plus complexes à craquer.

Vulnérabiliser ce type de réseaux sans fil est pratiquement impossible, à moins d'obtenir une interaction avec le réseau WiFi. L'utilisation d'anciennes données n'est pas envisageable, car elles sont de plus en plus sécurisées, en même temps, les appareils intelligents sont simples à configurer grâce à WiFi Easy Connect.

Grâce à cette mise à jour, même les réseaux WiFi publics deviennent sûrs, tout cela grâce à la puissance de son cryptage, surtout si l'on recherche une branche spécialisée, une pour les cercles domestiques, et une autre pour les entreprises, bien que si l'on n'utilise pas de mots de passe longs, le risque de vulnérabilité reste important.

Guide pour pirater les réseaux WiFi WEP et WPA à partir de Windows, Mac et Android Vous souhaitez vous familiariser avec la sécurité et l'audit des réseaux informatiques ?

Avec ce guide complet, vous apprendrez à auditer les réseaux wifi de multiples façons et avec divers logiciels pour différents systèmes d'exploitation tels que Windows et iOS.

Dans ce livre pour pirater les réseaux wifi, vous trouverez les éléments suivants :

Est-il légal de pirater un réseau wifi ?
Les types de sécurité des réseaux WiFi à pirater
Comment vérifier la sécurité d'un réseau WiFi
Les facteurs qui portent atteinte à un réseau WiFi
Astuces pour craquer les clés des réseaux WiFi pour Linux
Ce que vous devez savoir pour pirater le WiFi depuis Android
Découvrez comment pirater les réseaux WPA et WPA2 sans utiliser de dictionnaire
Comment obtenir les clés des réseaux WiFi avec BlackTrack 5
Les secrets pour pirater les réseaux WiFi sans programmes
Acrylique, pirater les réseaux WiFi WEP et WPA
Connaître l'outil KRACK pour pirater les réseaux WiFi
Pirater les réseaux WiFi en utilisant Wifimosys
Démarrage pour pirater les réseaux WiFi à partir de Windows
Comment décrypter la clé WiFi sur un Mac
Outils avancés pour auditer les réseaux WiFi
Craquer les mots de passe WiFi stockés sur le téléphone portable
Alternatives pour pirater les réseaux WiFi
La meilleure façon de pirater les réseaux WiFi, étape par étape
Kali Linux : le piratage des réseaux le plus efficace
Apprenez à craquer les réseaux WiFi avec Aircrack-ng
La méthode la plus rapide pour pirater les réseaux WiFi
Comment craquer le mot de passe par défaut du routeur
Les bugs disponibles derrière les routeurs
Conseils et exigences pour le piratage des réseaux WiFi
La sécurité maximale du protocole WPA3

ISBN 9798743672387

90000

9 798743 672387